1906 - Novembre 19.

366 — Chambre des Commissaires Priseurs près la Bibliothèque Nationale

COLLECTIONS
E. D. ET H. DUPARC

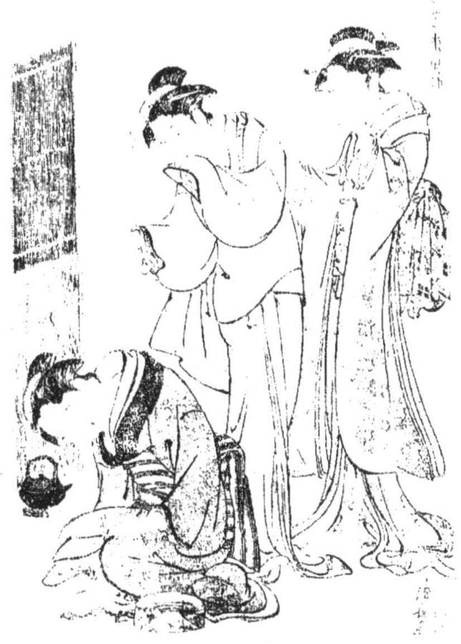

AF313112

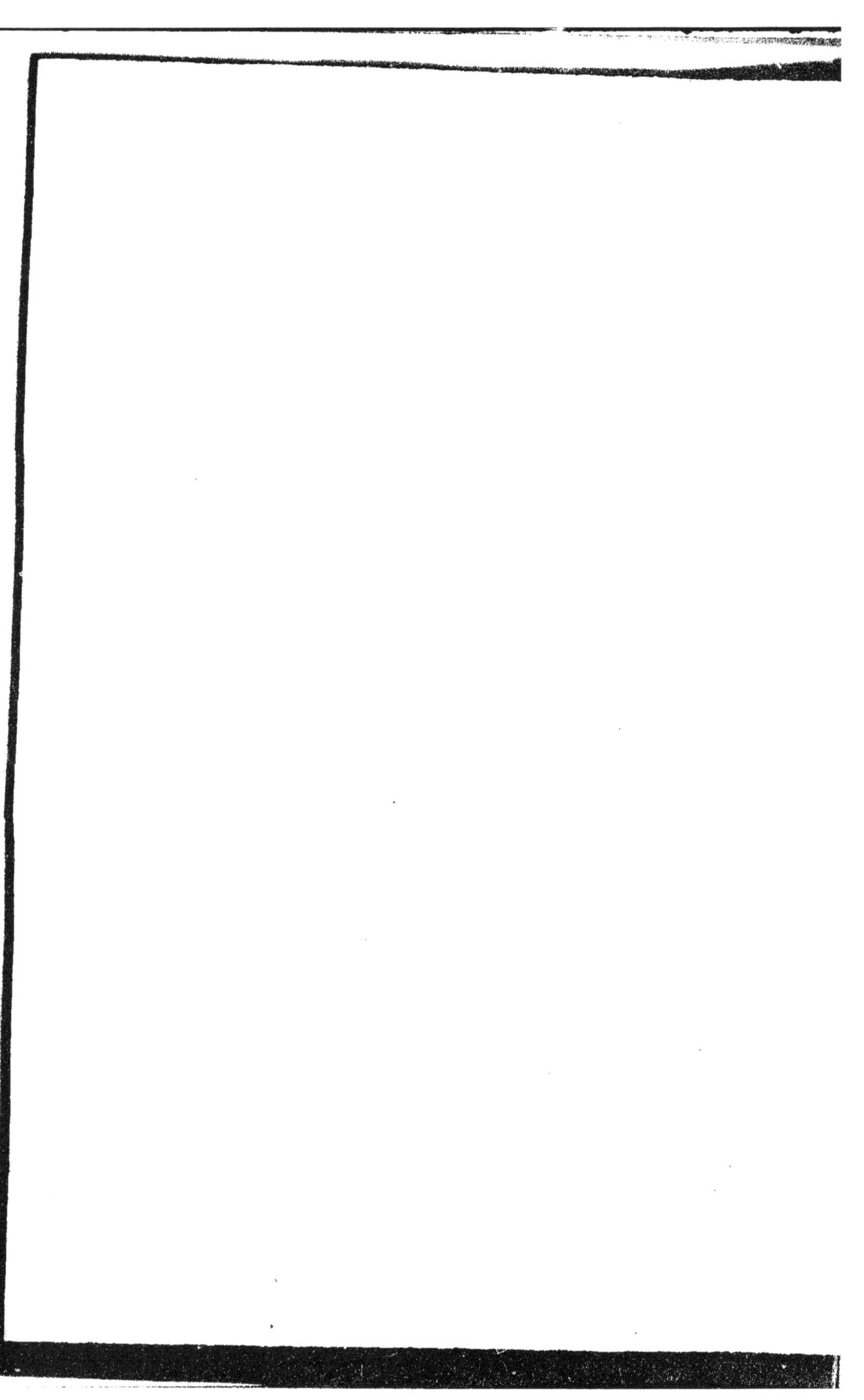

Collections

E. D. et H. DUPARC

CONDITIONS DE LA VENTE

———

Elle sera faite au comptant.

Les acquéreurs payeront *dix pour cent* en sus des en-
chères.

COLLECTIONS E. D. et H. DUPARC

Objets d'Art

PEINTURES ET ESTAMPES

Du Japon et de la Chine

DONT LA VENTE AURA LIEU

Du Lundi 19 au Mercredi 21 Novembre 1906 inclus

A L'HOTEL DROUOT, SALLE N° 10

à 2 heures précises

Commissaire-priseur : M° **LAIR DUBREUIL**, 6, rue de Hanovre.

Expert : M. M. **BING**, 10, rue Saint-Georges

EXPOSITION PUBLIQUE :

A L'HOTEL DROUOT, LE DIMANCHE 18 NOVEMBRE 1906

de 1 heure 1/2 à 6 heures.

COLLECTION E. D.

Laques

---

1. — Coffret rectangulaire en laque noir, offrant, sur chacune de ses faces, un motif de stores dont les baguettes sont figurées partie en laque d'or, partie en incrustation de burgau. Intérieur en nachiji. Haut. 0,13; long. 0,20.

Commencement du xviie siècle.

2. — Coffret rectangulaire dont les panneaux, en bois naturel sculpté de caractères d'écriture, semblent provenir d'un ancien bois à imprimer. L'intérieur, le dessous et les biseaux du couvercle sont décorés en nachiji. Haut. 0,09; long. 0,14.

xviie siècle.

3. — Écritoire à bords biseautés décorée sur fond noir, en kinpun et laque d'or mat, d'un paysage montagneux sous la lune. Au revers du couvercle

l'entrée d'un jardin baigné par un cours d'eau en relief de laque d'or sur nachiji mordoré.

xviie siècle.

4. — Écritoire à bords arrondis, décorée, en fort relief de laque d'or sur fond brun pailleté, d'un vieux pin au bord de la mer, abritant une troupe de cigognes. L'intérieur et le revers du couvercle offrent un décor de scènes rustiques au milieu d'une rizière.

Idem.

5. —— à bords arrondis, en bois naturel ; le décor représente l'entrée d'un monastère au-dessus duquel plane un personnage légendaire accompagné du démon du tonnerre, le tout en relief de laques d'ors variés. Intérieur en nachiji.

Idem.

6. — Coffret rectangulaire à bords biseautés, décoré d'un semis de *mon* et d'ornements géométriques d'or et d'argent sur nachiji d'or vert. Haut. 0,10 ; long. 0,16.

Idem.

7. — Grande boîte rectangulaire, en bois naturel, montée sur quatre pieds et divisée en deux compartiments superposés, la partie inférieure formant écritoire, l'autre servant de boîte à papier. Le cou-

vercle est sculpté en fort relief d'une figure de prêtre assis. Long. 0,35; haut. 0,16.

xviie siècle.

8. — Pot à cendre de forme ovoïde décoré d'un paysage rocheux en relief de laque d'or mat sur nachiji. Haut. 0,07.

xviiie siècle.

9. — Natsumé de forme sphérique à couvercle plat, offrant, sur fond nuagé de nachiji, un semis de *mon* en laque noir et or. Haut. 0,05.

Idem.

10. — Coffret à ustensiles de tchanoyou, en laque noir, offrant la forme d'un double losange et décoré sur le couvercle d'une troupe d'enfants chinois en laque d'or. L'intérieur contient la garniture complète des accessoires de la cérémonie du thé : bol en porcelaine blanche à décor bleu; tchairé en laque brun; étui à serviette en faïence verte; boîte à parfums en laque d'or renfermée dans une boîte en laque brun; cuiller à thé et petit balai en écorce de bambou[1]. Haut. 0,12; long. 0,22.

Idem.

Collection Burty.

[1] Cette pièce est décrite par Ph. Burty dans le *Japon artistique* (t III : la poterie au Japon, p. 78).

11. — Pot à cendre cylindrique affectant la forme
d'un nœud de bambou et monté sur trois petits
pieds. Décor de bambous et de *mon* variés en laque
d'or sur fond noir. Couvercle en bois naturel offrant,
sur les deux faces, un vol de passereaux en laque
d'or. Haut. 0,06.

xviiie siècle.

12. — Cabinet rectangulaire à porte latérale, ren-
fermant quatre tiroirs. Il offre, sur les côtés et le
couvercle, des touffes de pivoines dans les rochers
en incrustation de nacre et de burgau. Garnitures
en argent ciselé. Long. 0,33 ; haut. 0,24.

Idem.

13. — Grande écritoire à décor de bambous en
toghidachi et relief de laque d'or mat sur fond brun.
Le revers du couvercle représente, en toghidachi d'or
et d'argent, une branche de prunier fleuri devant
un store.

Idem.

14. — Coffret rectangulaire en bois naturel de ton
roux à décor de moineaux dans les bambous, en
relief de laque d'or. L'intérieur contient une écritoire sur le plateau supérieur et deux tiroirs superposés à boutons d'argent. Au revers du couvercle,

sont figurés les sept sages chinois en laque de couleurs sur fond d'or mat. Haut. 0,16 ; long. 0,27.

xviiie siècle.

15. — Boîte à parfums circulaire et plate en laque de Guri sculpté d'un motif de méandres. Diam. 0,06.

Idem.

16. — Boîte à parfums de forme rectangulaire à bord arrondi, décorée d'un semis de fruits en laque d'or et de couleurs sur fond granulé. Long. 0,08.

Signée : *Masamitsu*.

Idem.

17. — Petit plateau à bord oblique décoré d'un bouquet de bambous auprès d'un cours d'eau, en toghidachi d'or sur fond noir. Long. 0,19.

Idem.

18. — Plateau rectangulaire en laque noir à bord droit. Sur le fond est peint, en toghidachi d'or et d'argent, un groupe de hâleurs tirant une barque. Long. 0,28.

Idem.

19. — Grande écritoire en bois naturel de ton

roux incrusté, en fort relief d'or et d'ivoire, d'un personnage chinois fendant une tige de bambou.

xviiie siècle.

20. — Plateau sans rebord, de forme carrée à angles arrondis. Sur le fond de laque noir sont jetées des plumes d'oiseaux variés en fin toghidachi d'or, d'argent et de couleurs. Long. 0,29.

Idem.

21. — Boîte rectangulaire en laque noir décoré, sur le couvercle, en incrustation de burgau, d'un pêcheur prenant un poisson. Long. 0,15.

Idem.

22. — Boîte à parfums lenticulaire offrant, en relief d'or et de plomb sur fond nachiji, une poétesse dans un jardin et, sur le fond de la boîte, un semis de chrysanthèmes. Au revers du couvercle, un blaireau près d'une touffe d'ombelles. Diam. 0,09.

xixe siècle.

23. — Petite boîte à parfums rectangulaire, décorée, en toghidachi d'or et de couleurs, d'une jeune femme sous une moustiquaire. Au revers, un éventail près d'une lanterne. Long. 0,06.

Idem.

N° 29

N° 135

N° 136

N° 148

No 148

No 132

No 130

No 50

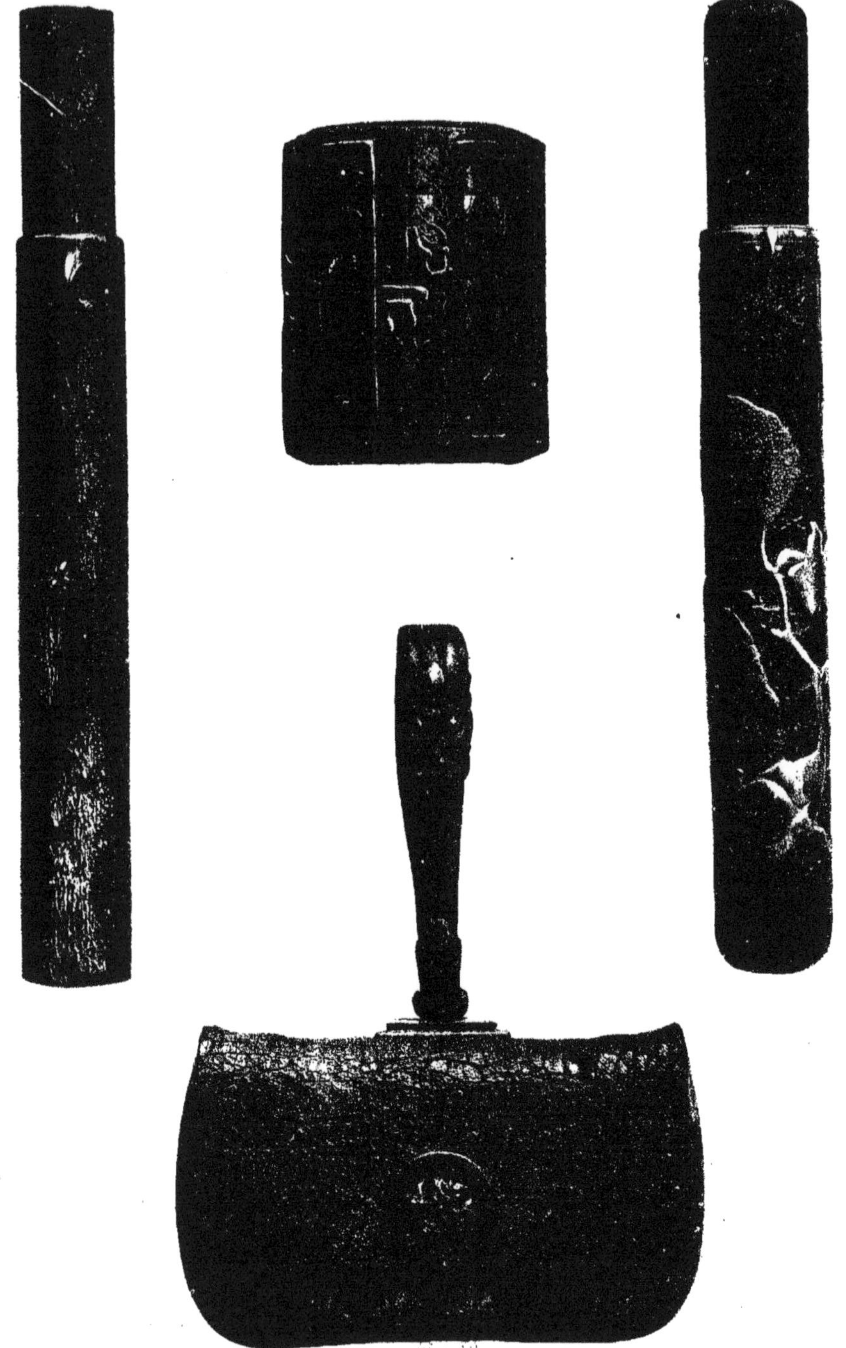

24. — Écritoire de forme ovale en bois naturel. Le couvercle, surdécoré au xix° siècle, offre une figure de poète en relief de faïence, de corne et de laque. Le revers et l'intérieur de la boîte présentent les mâts d'une flottille de pêche et un vol d'hirondelles de mer en laque d'or sur fond noir légèrement poudré.

xvii° siècle.

Coupes à saké.

25. — Deux coupes à saké à décor de paysages en laque d'or sur fond rouge.

L'une signée : *Mitsuyochi*.

26. — Trois coupes à saké. Foukouroukoudjou et deux enfants; — Char de fête; — Perle sacrée et gerbe de paille.

27. — Grande coupe à saké décorée d'une figure de Kwannon en toghidachi d'or et d'argent.

Inro

————

28. — Inro à une seule case, de forme circulaire, figurant un grelot de temple. Laque mordoré sur fond noir décoré, en incrustations de burgau, de médaillons et de caractères d'écriture. Netsuké en laque brun figurant un champignon.

Commencement du xviiᵉ siècle.

29. —— à trois cases. Sur fond noir coupé d'un fin motif de feuillage, s'enlève, en relief de laque brun et mordoré, un décor figurant des manches de kodzuka à sujet de fleurettes et de vagues stylisées. Netsuké bois figurant un bœuf couché.

Idem.

30. — Petit inro à quatre cases décoré, en relief de laque brun sur fond nachiji, d'un bouquet de cerisiers fleuris.

xviiᵉ siècle.

31. — Inro à quatre cases décoré, en laque d'or mat, des flots de la mer auprès d'une plage en relief de laque brun poudré. Incrustations d'or et d'argent figurant des coquillages, une jonque, une oie au vol.

xviie siècle.

32. —— à quatre cases, en nachiji décoré de branches de pin en relief de laque brun et or.

Idem.

33. — Petit inro à deux cases, de forme cylindrique, taillé dans un nœud de bambou et garni d'anneaux d'argent pour le passage du cordonnet : trois cigognes au pied des bambous, en relief de laque d'argent et d'ors variés. Netsuké bouton à motif de paulownia.

Idem.

34. —— à trois cases offrant sur chaque face, en relief de plomb sur fond d'or mat, une troupe de cigognes picorant dans la vase.

Commencement du xviiie siècle.

35. — Inro à trois cases de forme haute et rectangulaire, décoré de deux cigognes et de pousses de pin en laque d'or et d'argent sur écorce de merisier. Netsuké ivoire figurant un chat.

xviiie siècle.

36. — Inro à trois cases décoré en laque d'or et de couleurs sur fond noir : faucon sur un perchoir et moineaux dans les bambous.

Idem.

37. —— en bois naturel décoré d'un tronc d'arbre et d'oiseaux en laque rougeâtre. Boîte intérieure à deux cases, en cuivre jaune gravé d'une branche tombante et de deux passereaux.

Signé : *D'après Kuyenko.*

Idem.

38. — Petit inro à une seule case offrant, sur fond sablé, la tortue de longévité en laque d'or.

Idem.

39. — Inro en bois naturel contenant un étui garni de deux petites boîtes. Sur l'une des faces, le buste de Dharma en laque rouge et or.

Cachet : *Kwan.*

xixe siècle.

40. — Inro à trois cases, en bois naturel, affectant la forme d'une tortue.

Signé : *Tadakazu*.

xixe siècle.

41. —— à trois cases en bois naturel, figurant une cigale.

Idem.

Bronzes de la Chine

42. — Plateau décoré, en léger relief, d'un emblème magique et, au revers, de deux dragons entourant une inscription. Pièce de style archaïque. Long. 0,22.

43. — Coupe à sacrifice tripode, à panse ovoïde s'évasant en déversoir. Poignée latérale à tête de chimère et frise de grecques sur le pourtour. Haut. 0,22.

44. — Vase balustre à long col flanqué de deux anses chimériques et contourné de deux zones à motifs géométriques. Haut. 0,31.

45. — Jardinière basse et circulaire, flanquée de deux petites anses, en bronze jaune. Sur le dessous, dans un cartouche formé par deux dragons, la marque : *Siouan-té*. Socle en bois sculpté. Diam. 0,24.

46. — Petite jardinière circulaire contournée d'une frise de palmettes. Diam. 011.

47. — Miroir à décor archaïque, monté sur un
socle figurant une licorne accroupie. Haut. 0,25.

48. — Godet à encre de Chine figurant une tortue monstrueuse, la carapace formant couvercle.
Long. 0,22.

49. — Petit brûle-parfums à panse sphérique,
flanqué de deux hautes anses et supporté par trois
pieds à mascarons chimériques. Haut. 0,15.

Bronzes du Japon

50. — Brûle-parfums tripode à panse sphérique décorée de deux zones à motif vermiculé, le couvercle garni de trois anneaux et d'un bouton. Haut. 0,19.

51. — Vase balustre à large col évasé, décoré d'arêtes verticales figurant les nervures d'une feuille de nénuphar. Deux mascarons à la base. Haut. 0,29.

52. — Bouteille à panse sphérique et long col flanqué de deux têtes d'éléphant. Haut. 0,27.

53. — Brûle-parfums figurant un héron debout sur une feuille de nénuphar. Haut. 0,49.

54. — Porte-bouquet figurant un tronc de bambou supporté par trois dragons. Haut. 0.23.

55. —— de forme balustre figurant un vase en vannerie de bambou. Haut. 0,22.

56. — Vase à panse sphérique et col largement évasé, garni près du bord d'une zone de boutons et, plus bas, d'une triple zone d'ornements géométriques. Haut. 0,29.

57. — Brûle-parfums tripode surmonté d'une chimère accroupie. Haut. 0,23.

58. — Porte-bouquet d'applique en forme de pinceau, un dragon grimpant le long du manche. Haut. 0,26.

59. — Presse-papier en forme de tortue.

Signé : *Sui-rin Yéru.*

60. — Trois petits brûle-parfums à motifs de chimères et d'éléphants.

61. — Deux godets à eau, l'un figurant une courge, l'autre, la perle sacrée et le dragon.

62. — Trois pièces : Presse-papier en forme d'ancre ; — Socle rectangulaire ; — Deux pendentifs figurant des poissons.

63. — Deux pièces : Brûle-parfums tripode surmonté d'une chimère ; — Porte-bouquet figurant un prunier fleuri.

64. — Deux statuettes, l'une figurant Dharma, l'autre Kwannon au poisson.

65. — Brûle-parfums représentant le Sennin Shiyei monté sur la carpe. Haut. 0,25.

66. — Grand chandelier de temple. Haut. 0,77.

Objets en fer

67. — Bouilloire en fonte de fer, à panse tripode, sur laquelle pose un récipient contourné d'une zone cloutée. Haut. 0,37.

68. — Petite boîte en fer forgé figurant un fruit de kaki garni de ses feuilles. Haut. 0,09.

Armes et pièces d'armure

69. — Petit sabre à fourreau de laque noir annelé. Garnitures en argent ciselé décoré du *mon* aux deux papillons, le bout de fourreau figurant une langouste.

xviiie siècle.

70. — Poignard à fourreau de bois naturel, incrusté d'appliques en métaux variés figurant une bouilloire, une aubergine, une fleur de cerisier. Kodzuka en fer incrusté en argent de deux fers de flèche.

Idem.

71. — Petit sabre à fourreau en nachiji d'or, les garnitures en fer et bronze rouge incrustés de motifs floraux en métaux variés, le bout figurant un chien accroupi.

xviiie siècle.

72. — Poignard en laque finement mosaïqué de burgau, garni d'une application de baguettes d'argent. Menouki en argent ciselé à motifs de pivoines.

xix° siècle.

73. — Poignard à fourreau de laque noir et garnitures d'argent uni.

Idem.

74. — Petit sabre à fourreau de laque brun grenu. Garde, fouchi-kachira et bout de fourreau en chibuitchi, décorés en métaux variés d'un Sennin et de divers insectes. Kodzuka en fer. Lame gravée du glaive bouddhique.

Idem.

75. — Grand sabre à fourreau de laque noir semé de motifs de fleurettes. Garnitures en chibuitchi ciselé à décor de flots, les ménouki en or figurant deux oiseaux.

Idem.

76. — Trois pièces : Deux grands sabres à lames d'acier nuagé et un petit sabre à lame d'acier moiré.

77. — Lame de grand sabre en acier nuagé, gravé sur les deux faces d'une inscription.

Signée : *Koyama Monétsugu*.

78. — Lame de grand sabre à large gouttière, en acier moiré.

79. — Lame de grand sabre en acier moiré.

Signée : *Kanékuni.*

80. — Lame de petit sabre en acier moiré, à large gouttière s'arrêtant à mi-longueur.

Signée : *Yochihiro.*

81. — Lame de petit sabre ciselée du dragon s'enroulant autour du glaive bouddhique.

Signée : *Higachiyama Yochihira.*

82. — Lame de kodzuka ajourée d'une fleurette.

83. — Lame de kodzuka gravée d'un groupe de poètes et d'une poésie.

Signée : *Rokkansen.*

84. — Sabre de médecin figurant une anguille en bois naturel de deux tons.

Signé : *Sassa-rio.*

xviiie siècle.

85. — Casque en fer surmonté de deux grandes ailettes et garni d'un ornement s'enroulant en volute sur les deux faces de la calotte.

86. — Casque en fer, à garniture de cuir décoré et portant le *mon* aux plumes de faucon.

87. — Pièces d'armure comprenant le masque en fer, les brassards en mailles sur étoffe brochée d'or, les jambières et les couvre-cuisses en bois laqué d'or et étoffe.

———————

Gardes de sabre

---

88. — Grande garde en fer ajouré figurant un chrysanthème.

89. — Garde en fer repercé de trous circulaires.

90. — Garde en incrustation de Yochiro ; fer ajouré figurant un losange inscrit dans un cercle et incrusté en cuivre de filets et de fleurettes.

91. — Garde en sentokou bosselé, incrusté à plat d'un décor de pampres en chakoudo.
Signée : *Hisanori*.

92. — Garde en fer, genre Moukadé, rectangulaire à coins arrondis et incrustée de cuivre jaune.

93. — Garde en sentokou ciselé et ajouré d'un motif de lapins dans les vagues, champlevé d'émail blanc et jaune.

N° 100

N° 90

N° 102

N° 403

N° 404

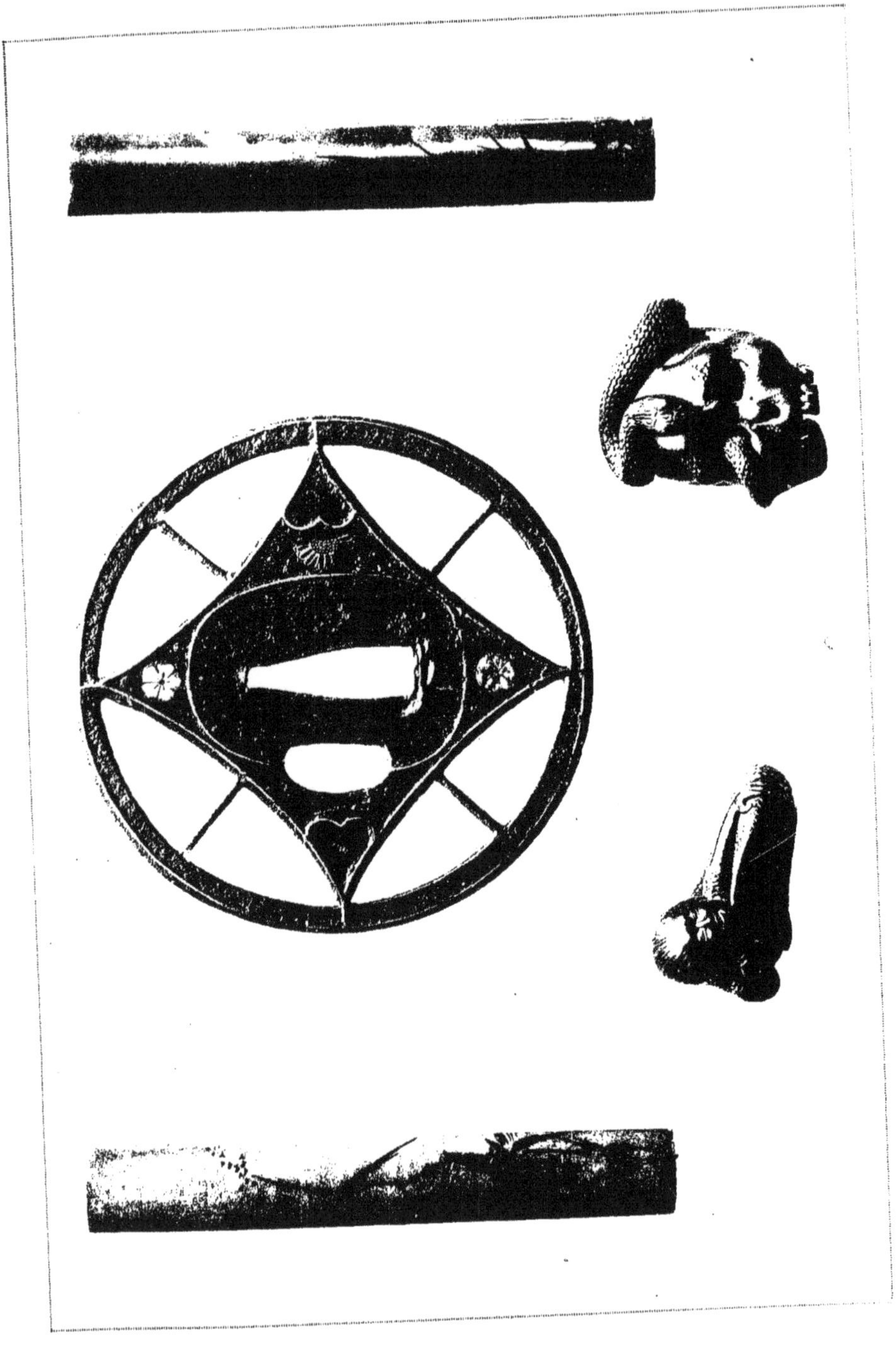

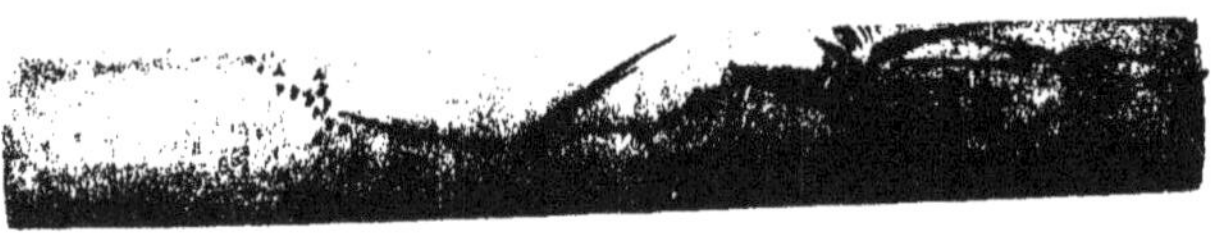

94. — Garde genre Itozukachi, en fer repercé d'un cheval auprès d'un ruisseau.

Signée : *Noboumassa*.

95. — Trois gardes en incrustation de Yochiro ; fer ajouré et incrusté de cuivre, l'une à motif de *mon*, l'autre de pins, la troisième en forme de roue.

96. — Deux gardes genre Namban, en fer ajouré de rinceaux et d'animaux variés.

97. — Trois gardes en fer ; l'une en forme de coquillages avec incrustation de plumes d'aigle, l'autre représentant le sujet des « mille singes », la troisième à décor de paysage en incrustation de métaux variés.

Les deux premières signées : *Mumétada Kahei* et *Mitsuhiro*.

98. — Collection de deux cent vingt-sept gardes en fer et en bronze à décors variés.

Ce numéro sera divisé.

99. — Deux gardes en laque imitant le chakoudo, l'une sculptée de dragons, l'autre décorée de fleurettes sous une meule.

Kodzuka

———

100. — Kodzuka en chibuitchi, incrustée à plat, en chakoudo, d'une oie sous une tige de roseau. Revers en chakoudo et or.

École des Hamano. Signé : *Tomomitsu.*

101. —— en chibuitchi, incrustée à plat, en chakoudo et or, de la perle sacré.

École des Hamano. Signé : *Tenkodo Hidékuni.*

102. —— en chibuitchi, incrustée à plat, en chakoudo et argent, d'une tige de bambou sous la lune.

École des Hamano.

103. — Deux kodzuka, l'un en chakoudo, l'autre en chibuitchi, à décor de poissons et de coquillages en relief de métaux variés.

École des Hamano. Signés : *Kouju* et *un élève de Hamano Konzui.*

104 — Kodzuka en chakoudo granulé incrusté du Fouji en relief d'argent. Le revers incrusté du dragon dans les flots.

École des Goto. Signé : *Mitsuhiro.*

105. —— en cuivre laqué imitant le chibuitchi incrusté d'or : Couple d'oies sous la lune.

École des Yamada. Signé : *Tsunéyoshi.*

106. —— en argent gravé au trait, avec incrustations, d'une foule de petits personnages dansant une ronde.

École des Hosono.

107. —— en argent champlevé d'une forêt de pins en émaux rouges et verts. Le revers gravé de fleurettes de cerisiers.

École des Hirata.

108. —— en chibuitchi décoré, en émaux translucides cloisonnés d'or, d'un coléoptère et de deux papillons.

École des Hirata.

109. — en chibuitchi : Iris et papillons en émaux translucides cloisonnés d'or.

École des Hirata.

110. — Kodzuka en argent gravé de Chôki guettant un diablotin. Lame en argent.

École des Yanagawa. Signé : *Yanagawa Nao-toshi.*

111. — Deux kodzuka en fer, ciselés, l'un, d'un mille-pieds, l'autre, d'une touffe de chrysanthèmes.

112. — Treize kodzuka à décors variés.

Ce lot sera divisé.

Sculptures

---

113. — Petit masque de Hannia en bois laqué brun.

114. — Groupe de crapauds en laque rouge.

Signé : *Ikko.*

115. — Les deux renards sacrés, en bois laqué d'or.

116. — Statuette en bois doré représentant un prêtre assis sur un socle, à décor de rinceaux. Haut. 0,25.

Travail Thibétain.

Masques de No

117. — Masque de jeune femme.
xixe siècle.

118. —— de jeune femme, type *Mambi*.
Idem.

119. —— de jeune femme, type *Kachiki*.
Idem.

120. —— de jeune homme, type *Dôji*.
Idem.

121. —— de démon, type *Obéchimi*.
Idem.

122. —— de vieillard, type *Jô*.
Idem.

123. —— d'un Yamabouchi.
Idem.

124. — Masque de démon, type *Hannia*.

xixᵉ siècle.

125. —— de démon, type *Ghédo*.

Idem.

126. —— de démon, type *Otohidé*.

Idem.

127. —— de démon, type *Tsurimanako*.

Idem.

128. —— de Tengou, en laque rouge.

Idem.

Netsuké

---

129. — Netsuké en bois : Sage chinois auprès d'un serpent.

xviiie siècle.

130. —— reproduisant le gong du temple de Kofoukouji, formé par l'enlacement de deux dragons, que supporte une chimère accroupie.

Idem.

131. —— en ivoire, figurant deux hâleurs revêtus de leur manteau de paille.

Idem.

132. —— partiellement laqué : personnage assis.

xixe siècle.

133. —— en os teinté brun et vert, figurant un kappa sur une aubergine.

Idem.

Accessoires de fumeur

134. — Étui de pipe à tranche biseautée, en laque noir, décoré d'un motif d'ondes stylisées en plomb et laque d'or.

135. ——— en bois naturel imitant un morceau de bois vermoulu sur lequel courent des fourmis en incrustation de métaux divers.

136. ——— décoré, sur fond brun mordoré imitant l'écorce, d'une tige fleurie en laque d'or et d'argent.

Signé : *Yoçai.*

137. ——— en bois noir sur lequel se déroule un serpent, figuré, ainsi que la bague, en inscrutation d'argent ciselé.

138. ——— en bois laqué à l'imitation du fer repoussé : décor d'un tronc de cerisier aux fleurettes d'argent.

Signé : *Noyachika.*

3

139. — Étui de pipe en laque noir grenu, la partie inférieure en natté d'osier, avec décor en laques variés figurant une théière sur un fourneau, auprès d'un vase.

Signé : *Zéchin*.

140. — — — en bambou naturel, laqué rouge brun.

141. — — — de forme hexagonale, décoré, sur bois naturel, d'un cerf d'argent sous un érable en laques variés.

142. — — — en laques de couleurs imitant trois essences de bois naturel cerclé d'osier à la partie supérieure. Une agrafe d'or simule une réparation sur une fente du bois.

143. — — — en bois naturel incrusté, en cuivre doré et bronzes variés, d'un filet de pêche devant lequel volent deux moineaux.

144. — — — en bois naturel décoré, en laque de couleurs et nacre, de deux apparitions fantastiques.

145. — — — en forme de cosse, décoré d'une tige fleurie de haricot en laques variés et nacre sur fond vert.

Signé : *Sozan*.

146. — Étui de pipe en corne de cerf sculptée d'un vieux tronc de pin.

147. — Deux étuis de pipe en corne de cerf sculptée, l'un, d'un blaireau fantastique, l'autre, de Yébissou à la pêche.

148. — Pochette à tabac en cuir brun et peau de daim à décor géométrique sur fond vert. Garniture en fer, le bouton fermoir ciselé d'une fleur, le crochet de suspension figurant une tête de dragon, le tout incrusté de corail et de malachite.

xviie siècle.

149. — Boîte à tabac de forme ovoïde, en cuivre jaune repoussé d'un oiseau fantastique et d'un dragon.

xviiie siècle.

150. — Pipe à garniture d'argent, ciselée de tortues dans les vagues.

xixe siècle.

151. — Pipe de lutteur à garniture de cuivre jaune ciselé et inscruté de masques de No.

Signé : *Shupakou*.

Idem.

Éventails et Écrans

152. — Éventail de commandement, décoré en rouge et or des disques du soleil et de la lune ; les panaches en cuivre granulé.

153. — Éventail : Cigogne au vol, en or et argent sur fond vert.

154. —— : Vol d'oiseaux au-dessus des flots en bleu et or.

155. —— : Touffe de fougère sur fond d'argent oxydé.

156. —— : Sapin sous la neige, en argent et or sur fond rouge.

157. —— : Paysage sous la lune ; encre de Chine sur or.

158. —— : La lune derrière les sapins.

159. —— : Pin et cerisier fleuri.

160. — Éventail : Semis de pivoines sur fond nuagé.

161. —— : Vol de cigognes.

162. —— : Tronc de pin ; encre de Chine.

163. —— : Motif de vagues et vol d'oiseaux devant la lune.

164. —— : Pin au bord d'une rivière.

165. —— : Cerisier fleuri.

166. —— : Touffes de chrysanthèmes.

167. —— : Les sept sages dans les bambous.

168. —— : Bol Rakou et camélia.

169. —— : Régimes de maïs.

170. — Trois éventails à décor de hérons blancs dans les nénuphars.

171. — Deux éventails : Jeune chien ; — Carpe.

172. —— : Vol de hérons ; — Passereau et branche de grenadier.

173. — Trois éventails : Branche fleurie ; — Scène de danse ; — Paysage chinois

174. — Dix-huit éventails à décors variés.

Ce lot sera divisé.

175. — Deux écrans décorés, dans le style de Kôrin, d'un cerf et d'un liseron.

176. — Sept écrans à motifs de fleurs et d'oiseaux.

Céramique de la Chine

177. — Petit vase balustre accoté de deux anses à tête d'éléphant. Émail jaune craquelé extérieurement, bleu turquoise à l'intérieur et sous le piédouche.

Époque des Yu-en.

178. — Bol céladon, gravé intérieurement d'une frise de personnages.

Époque des Ming.

179. — Petit pot sphérique, émail café au lait craquelé.

Idem.

180. — Petit pot à thé céladon, à panse godronnée.

Idem.

181. — Petite coupe à sacrifice, en blanc de Chine, décorée en relief de feuillages et d'animaux.

Époque de Kang-hi.

182. — Bol à piedouche, en bleu et blanc ; décor de dragons dans les flots.

Époque de Yung-Tching.

183. — Vase en forme de balustre aplati orné de deux anses chimériques sur l'épaulement et de quatre baguettes au goulot. Émail flambé. Haut 0,22.

Époque de Kien-Long.

184. — Petit brûle-parfums poudre de moutarde, garni de deux anses sur le bord ; couvercle en bois ajouré.

Idem.

185. — Petit bol limaille de fer.

Idem.

186. — Petite coupe poudre de thé affectant la forme de deux aubergines.

Idem.

187. — Bol poudre de thé.

Idem.

188. — Brûle-parfums céladon, de forme cylindrique, ajouré d'une double zone de feuillage.

Époque de Kien-Long.

189. — Grand vase céladon gris, en forme de gourde aplatie, surmonté d'un col cylindrique et garni de deux anses, dont l'une est refaite. Haut. 0,50.

Idem.

190. — Petite jardinière à quatre pans, en blanc de Chine, gravée d'un décor floral et d'inscriptions.

Idem.

191. — Petit bol craquelé gris, garni de deux anses ajourées.

Idem.

192. — Petite bouteille, à court goulot, en céladon gris craquelé.

Idem.

193. — Jardinière hémisphérique sur trois pieds, en blanc de Chine craquelé, garnie de deux anses ajourées à têtes de dragons. Socle et couvercle en bois sculpté. Diam. 0,32.

Idem.

194. — Bol à couverte blanche ; dans le fond, un caractère tracé en bleu.

Corée (?)

---

195. — Bol Temmokou, de forme évasée, à couverte bleue noire, offrant les stries dites « poil de lièvre » ; le bord serti d'argent.

196. — Bol genre Temmokou, à couverte noire piquetée ; le bord serti d'argent. Réparations au laque d'or.

197. — Bol genre Temmokou, à couverte fauve ; le bord serti d'argent.

Céramique du Japon

198. — Tchaïré sphérique à couverte brune marbrée de taches écaille.

Séto.

199. — Grand tchaïré à couverte épaisse se dégradant du marron au bleu noir.

Idem.

200. — Tchaïré cylindrique à couverte brun verdâtre avec coulée marron.

Idem.

201. —— cylindrique à couverte brun mat et coulée brillante.

Idem.

202. —— cylindrique à couverte fauve et tache brune.

Idem.

203. — Petit tchaïré à couverte très brillante fouettée de fauve sur fond marron.

Séto.

204. — Tchaïré à goulot rétréci muni de deux petites anses, couverte brun mat et coulée marron.

Idem.

205. — Petit tchaïré à couverte fauve.

Idem.

206. — Bouteille à court goulot; émail craquelé, blanc à la partie supérieure, jaunâtre et nuancé de bleu sur la panse.

Karatsu.

207. — Bouteille à couverte craquelée de ton fauve, le goulot émaillé en brun foncé.

Idem.

208. — Midzusachi à couverte verdâtre fouettée de bleu.

Idem.

209. —— cylindrique à couverte brune, deux taches claires à coulures bleuâtres sur le pourtour.

210. — Bouteille à panse rectangulaire et goulot court ; couverte brune revêtue sur l'épaulement d'un émail jaune fouetté de bleu.

211. — Bol conique très évasé à couverte gris vert. Décor genre Mishima à motif de fleurettes et d'oiseaux. Réparations au laque d'or.

212. — Bol à couverte d'émail blanc crème grumeleux.

Haghi.

213. — Bol plat de forme trilobée à couverte blanche craquelée.

214. — Tchaïré émaillé de brun à coulée verdâtre, garni de ses deux sacs, et renfermé dans sa boîte d'origine. Certificat de tchajin.

Zézé.

215. — Très petit tchaïré de forme ovoïde à couverte brillante. Taches bleuâtres sur fond marron.

216. — Midzusachi à panse étranglée munie de deux anses. Émail jaunâtre sur le fond brun rouge.

Bizen.

217. — Bouteille à panse cabossée. Émail jaune grumeleux à la partie supérieure.

Idem.

218. — Bouteille en forme de gourde plate posée sur quatre pieds. Fleurettes en relief sur chacune des faces.

Bizen.

219. — Bouteille à panse renflée s'amincissant vers le goulot et à la partie inférieure. Fouettures jaunâtres sur fond brun.

Idem.

220. — Tchaïré à couverte ardoise avec coulées d'émail jaunâtre.

Idem.

221. — Grand crapaud à couverte noire tachetée de gris vert.

Idem.

222. — Tchaïré à panse renflée, à couverte noire et rouge.

Rakou.

223. — Bol à bord droit; couverte grise nuancée de fauve.

Idem.

224. — Bol à bord droit, couverte noire avec taches rouges.

Idem.

225. — Bouteille à couverte fauve craquelée, décorée de stries grises et bleues.

226. — Midzusachi à panse cabossée, garnie à la partie supérieure de deux boutons en forme de tresses. Il est gravé de palmettes à la partie inférieure et d'une zone à mi-hauteur de la panse; couverte brun rouge, surémaillée de jaune verdâtre.

227. —— de forme basse affectant la forme d'un sac de riz coupé à mi-hauteur. Décor géométrique en émail blanc et brun sur fond noir.

228. —— cylindrique en grès non émaillé, à décor gravé d'ornements géométriques, garnissant toute la hauteur de la panse.

229. — Vase à fleurs de forme cylindrique à couverte jaunâtre, émaillée de rouge au goulot.

230. —— de forme ovoïde à couverte brillante fouettée de bleu sur fond brun.

231. — Grande bouteille à couverte blanche, le goulot revêtu d'émail vert.

232. — Bol à couverte grise craquelée, décorée en bleu d'un motif de pins.

233. — Grand bol à couverte grise craquelée, décorée en bleu des fleurs de chrysanthème et de paulownia.

234. — Théière en terre légèrement cuite, modelée en forme de fruit de nénuphar.

235. — Cinq bols de fabrications variées.

236. — Quatre tchaïré.

237. — Quatre bols en poterie de Rakou, Minato, etc.

238. — Sept tchaïré.

239. — Cinq tchaïré et une petite théière.

240. — Quatre kogo.

241. — Cinq bols.

242. — Théière à corps cylindrique, décorée, en couleur et or, de touffes de chrysanthèmes sur fond blanc.

Satsuma.

243. — Petit brûle-parfums cylindrique à couvercle grillagé. Décor de palmettes en or sur fond ivoire.

Idem.

244. — Petit brûle-parfums tripode. Décor, en argent et or sur fond rouge, d'un dragon dans les vagues. Couvercle en argent ajouré.

245. —— en porcelaine blanche décorée d'oiseaux et de fleurs dans le style de Kakiyémon.

246. — Quatre assiettes en porcelaine blanche à motifs de fleurs et d'oiseaux dans le style de Kakiyémon.

247. — Deux plats, à décor, l'un, de dragons et d'oiseaux de Hô, l'autre, d'un personnage près d'une cascade, en émaux verts, jaunes et manganèse.

Koutani.

248. — Plat à décor de feuillage bleu et manganèse sur fond jaune.

Idem.

249. — Deux assiettes et un bol, en porcelaine blanche, à décor d'oiseaux et de personnages.

Idem.

250. — Trois assiettes à piédouche en porcelaine blanche décorée de fleurs et de *mon*.

Nabéchima.

4

251. — Trois plats à piédouche en porcelaine blanche à décor de fleurs et d'oiseaux.

Nabéchima.

252. — Quatre assiettes à sujet de philosophes et de rinceaux fleuris.

Imari.

253. — Deux pièces : Grand bol à décor d'oiseaux de Hô et de cartouches fleuris : — Bol à bord dentelé décoré d'ornements floraux.

Idem.

254. — Quatre petites assiettes et une garniture de trois bols à décors variés.

Idem.

255. — Trois tasses et trois soucoupes à décors de cartouches fleuris et d'ornements variés.

Idem.

256. — Huit plats et assiettes en porcelaine d'Imari, de Koutani, etc.

Étoffes de la Chine

---

257. — Robe en gaze violette avec application de broderie à décor de fleurettes en bleu et blanc.

258. — Sept petits tapis décorés en broderie de fleurs et d'oiseaux.

259. — Carré en tissu Gobelin à décor floral en couleurs sur fond bleu. Côté 0,85.

Étoffes du Japon

260. — Panneau tissé, sur fond blanc, d'un groupe trente-trois Bodhisatwa étagés sur sept rangs. Monté en kakémono. Haut. 1,72; larg. 0,68.

261. — Ornement sacerdotal broché en jaune et argent de fleurs et d'oiseaux sur fond havane. Long. 1,06; larg. 0,30.

262. — Ornement sacerdotal à décor de médaillons en jaune et vert sur fond bleu. Long. 1,46; larg. 0,31.

263. — Carré de soie tissée de zones de dragons dans les nuages. Côté 0,64.

264. — Fouk'sa brodé, sur fond blanc, de deux langoustes. Long. 0,67; larg. 0,63.

265. —— en soie rose pâle brodée de cerisiers et d'oiseaux de Hô. Long. 0,82; larg. 0,68.

266. — Fouk'sa brodé, sur fond gris, de deux Chojô auprès de la mer. Long. 0,91 ; larg. 0,71.

267. — Casaque en gaze verte décorée en or d'un semis de *mon*.

268. — Kimono en crêpe rouge décoré de cerisiers fleuris, en réserve blanche et broderie d'or et de couleurs.

269. — Deux kimono d'homme, en soie brune à rayures.

270. — Obi, tissé d'attributs de fête en forme de papillons et de feuilles d'érable, le tout en couleurs sur fond ardoise. Long. 4,33.

271. — Ceinture étroite tissée de pivoines et de roues en couleurs et or sur fond vert. Long. 3,75.

272. —— en soie brune à rayures. Long. 3,75.

273. — Six bandes en hauteur, en soie rouge, à décor de bambous et de cerisiers fleuris en réserve blanche et broderie.

274. — Bande en hauteur brodée d'un motif floral sur fond noir et or.

275. — Huit pièces : cinq étuis à sabre et trois sacs à masque, en tissus variés.

276. — Panneau brodé de deux cigognes sous un pin. Monté en kakémono. Haut. 0,74 ; larg. 0,26.

277. — Kakémono brodé sur gaze de deux figures chinoises sous un prunier fleuri. Haut. 1,05 ; larg. 0,77.

Objets divers

---

278. — Coupe en cristal de roche, figurant une pêche entourée de deux animaux fantastiques. Socle en bois sculpté. Long. 0,13.

279. — Petite boîte circulaire en cristal de roche, décorée, sur le couvercle, d'un motif géométrique. Diam. 0,07.

280. — Deux cachets en cristal fumé, surmontés chacun d'une chimère. Haut. 0,13.

281. — Deux cuillers en lapis.

282. — Huit petites tasses en jade vert.

283. — Coupe en corne de rhinocéros décorée de zones d'ornements géométriques, l'anse figurée par deux dragons. Socle en bois sculpté. Haut. 0,16.

284. — Coupe en corne de rhinocéros, montée sur trois pieds. Socle en bois sculpté. Haut, 0,14.

285. — Petite coupe en corne de rhinocéros,
sculptée d'une branche de prunier fleuri. Socle en
bois sculpté. Haut. 0,06.

286. — Flacon à tabac en agathe jaune tachée de
noir.

287. — Grande jardinière en pierre tendre de
forme ovale et plate. Elle est contournée d'une frise,
à motif de vignes et d'écureuils, sculptée en haut-
relief et recouverte d'une patine brune. Le dessous
simule l'envers d'une large feuille sur laquelle sont
posés trois écureuils et un lézard qui forment les
pieds de la jardinière. Socle et couvercle en bois
sculpté à motif de nénuphars. Long. 0,37.

288. — Grande pierre à frotter l'encre de Chine,
taillée dans un bloc d'ardoise et sculptée d'un bouquet de bambous.

289. — Frottoir à encre de Chine, en grès brun
sculpté d'un motif de feuillage.

290. — Deux petits frottoirs à encre de Chine,
dont l'un en bois, sculpté d'un motif de nénuphars.

291. — Deux écrans en ivoire, sculptés et peints
chacun d'une figure féminine. Monture en bois
sculpté. Haut. 0,31.

292. — Deux petites garnitures pour le jeu de l'arc.

293. — Porte-sabres en bois naturel, ajouré d'un semis de *mon* au paulownia.

294. — Deux garnitures de bâtons d'encre de Chine et douze bâtons d'encre de Chine, de formes et de motifs variés.

Peintures et dessins

Kakémono

295. — *École chinoise.* — Le Sennin Tchokwaro
accompagné d'un serviteur portant une bêche.
Papier. Haut. 1,20 ; larg. 0,53.

296. *École de Kanô.* — Héron blanc volant au-
dessus des nénuphars. Papier. Haut. 0,80 ; larg. 0,28.

297. — *Ni-Tchowan (Style de).* — Faucon sur un
perchoir. Papier. Haut. 0,79 ; larg. 0,42.

298. ——— Faucon sur un tronc de chêne. Papier.
Haut. 0,98 ; larg. 0,39.

299. — *Tchikanobu.* — Héron sur une branche
de saule. Soie. Signé. Haut. 0,82 ; larg. 0,22.

300. — *Hokuso-Jin.* — Héron sous une touffe de
roseaux et de pivoines. Soie. Signé. Haut. 0,96 ;
larg. 0,40.

301. — *Fudjiwara no Mitsunari*. — Le Fouji dans le brouillard. Soie. Signé. Haut. 0,95 ; larg. 0,35.

302. — *Icen*. — Cigogne au vol devant une cascade. Soie. Signé. Haut. 1 ; larg. 0,40.

303. — Poissons au milieu des eaux. Soie. Haut. 1,35 ; larg. 0,50.

Panneaux

304. — *Sin-an-Yei*. — Trois carpes dans les flots. Encre de Chine rehaussée de rose sur papier. Signé. Cadre chêne. Haut. 1,48 ; larg. 0,82.

305. — *Miyatsuné*. — Paon debout sur un rocher fleuri de pivoines roses et blanches. Soie, non monté. Signé. Haut. 1,38 ; larg. 0,82.

306. — *Itchiya*. — Carpes au milieu des vagues écumantes. Papier, non monté. Signé. Haut. 1,57 ; larg. 1,11

307. — *Kiyen Chujin Riokiyo*. — Groupe de corbeaux auprès d'un arbre fleuri. Soie, non monté. Signé. Haut. 0,95 ; larg. 0,36.

308. — *Ecole de Kano.* — Hirondelle de mer au-dessus d'une vague déferlante. Esquisse cursive à l'encre de Chine sur papier. Haut. 0,29 ; larg. 0,49.

309. — *Baïtei.* — Tortue fantastique dans les vagues, sous un vol de papillons. Papier. Cadre chêne. Signé. Haut. 1,19 ; larg. 0,50.

310. — Coq et poule. Soie. Cadre chêne. Haut. 1,07 ; larg. 0,29.

311. — *Isen Eisin.* — Passereaux sur un tronc de cerisier. Papier. Cadre chêne. Signé. Haut. 0,89 ; larg. 0,42.

312. — *Eikaï.* — Deux poissons. Soie. Cadre chêne. Signé. Haut. 0,44 : larg. 0,68.

***

313. — Petit paravent à six feuilles représentant des groupes de femmes sous un arbre fleuri, les unes lisant, les autres occupées à peindre ou à écrire. Au revers, paysage boisé. Haut. 0,45 ; long. 0,86.

314. — *Zeshin.* — Deux études de poissons, encadrées. Signées.

315. — Six peintures et esquisses de grandes dimensions à sujet d'oiseaux, de figures et de paysages.

316. — Cinq dessins à sujets de personnage, de paysage et d'oiseaux.

317. — *Hidégawa.* — Album de quatorze peintures sur soie.

318. — Collection de deux cent soixante-quatre esquisses à l'encre de Chine et en couleurs : études d'oiseaux, personnages bouddhiques, paysages, etc.

Ce numéro sera divisé.

319. — Collection de cent sept poncifs.

Ce numéro sera divisé.

Estampes

320. — *Harunobou*. Petit format en largeur. Jeune femme écrivant une lettre, auprès d'elle sa servante endormie.

321. —— Deux feuilles format kakémono. Jeune femme auprès d'un torii ; — Pèlerin contemplant le Fouji.

322. — *Koriuçaï*. Format en hauteur. Courtisane accompagnée d'une servante et de deux fillettes. Épreuve encadrée.

323. —— Deux feuilles grand format. Jeune femme suivie de ses deux servantes.

324. —— Deux feuilles. Grand format, la barque des dieux du bonheur ; — Petit format, la tortue de longévité.

325. —— Deux feuilles petit format étroit en hauteur représentant chacune une jeune femme, l'une

tenant un parasol, l'autre portant une étoffe. Épreuves encadrées.

326. — *Bountcho.* Deux feuilles format hossoyé. Portraits d'acteurs.

327. — *Kitao Messanobou.* Deux feuilles format hossoyé à sujets d'enfants.

328. — *Schuntcho.* Deux feuilles format hossoyé. Jeune femme ; — Acteur.

329. — *Shunyei.* Quatre feuilles format hossoyé à sujets d'acteurs.

330. — Six feuilles format hossoyé à sujets d'acteurs, par *Shunsen*, *Shunjo*, *Shunko* et *Shunkwakou*.

331. — *Shunsho.* Grand format en largeur. Scène de danse.

332. —— Trois feuilles. Format hossoyé, acteur au parasol ; — Grand format, guerrier à cheval ; — Format kakémono, le héros Kwanyu.

333. — *Kiyonaga.* Deux feuilles : Grand format, scène de théâtre ; — Petit format, deux servantes d'une maison de thé.

334. — *Outamaro.* Triptyque. Sept jeunes femmes, l'une d'elles, à cheval, formant le centre de la composition, groupées au pied du Fouji, par allusion à la légende du poète Narihira. Épreuve encadrée.

335. — *Outamaro*. Grand format en hauteur. Buste de jeune femme, les mains cachées sous un pan de sa robe, à décor jaune sur fond blanc, le fond gaufré d'un motif de fleurettes dans les flots. Épreuve encadrée.

336. —— Trois feuilles grand format. Jeune femme à cheval au pied du Fouji ; — Jeune femme assise en robe rose et blanche ; — Jeune femme à l'écran.

337. —— Quatre feuilles grand format, l'une représentant un jeune prince, accompagné d'un guerrier dessiné dans le style de l'Otsuyé, les trois autres à sujets de promeneuses au bord de la mer.

338. — *École d'Outamaro*. Sept feuilles à sujets de jeunes femmes et d'enfants.

339. — Trois feuilles : *Yeishi*. Grand format : Jeune femme et fillette poursuivant un coq ; — Petit format : Trois femmes sur une terrasse. — *Yeisho*. Grand format : Buste de jeune femme tenant un aquarium à poisson rouge.

340. — *Toyohiro*. Deux feuilles, grand format. Trois jeunes femmes auprès d'un puits. Composition en largeur formée de sept gravures : cortège de jeunes femmes.

341. — Cinq sourimono petit format.

Shunman : Faisan, hibou, papillons et pivoines.

Shinsei : Singe travesti.

342. — *Hok'sai*. Format en largeur. *Mei Kiô Kiran* : Les ponts célèbres. Sept feuilles.

343. —— Format en hauteur : Les cascades célèbres. Cinq feuilles.

344. —— Format en largeur : Les cent poésies. Trois feuilles.

345. —— Format en largeur : Les vues des îles Liou-Kiou. Sept feuilles.

346. —— Format en largeur. *Fougakou sanjûrok Kei*. Les trente-six vues du Fouji-yama. Vingt-une feuilles dont deux encadrées : la vague, l'éclair, le beau temps, le gros arbre, le lac Biwa, le coup de vent, le tonnelier, etc.

347. — *Hok'sai* et son école. Dix feuilles à sujets variés.

348. — *Hok'kei*. Dix feuilles : Sourimono et estampes en hauteur.

349. — *Hokkooun* et *Gakutei* : Sept sourimono.

350. — *Hirochighé*. Triptyque. Femmes dans des barques passant sous un pont.

351. ——— Format kakémono. Carpe dans les flots.

352. ——— Six feuilles format kakémono : Scènes légendaires, personnage, tigre, cigogne, etc.

353. — Format en largeur. *Gojûsan tsughi*. — *Les cinquante-trois stations du Tokaïdo*. Série complète de cinquante-cinq feuilles comprenant les villes de Yédo et Kioto, en outre des cinquante-trois stations intermédiaires.

354. ——— Même série.
Cinquante-deux feuilles.

355. ——— Même série.
Quarante-huit feuilles.

356. ——— *Kiçokaïdo*. — *La route de Kiço*. Série de soixante-dix feuilles faite en collaboration avec Keiçai Yécén. La part de Hirochighé comprend quarante-huit feuilles.
Quarante-quatre feuilles par Hirochighé.

357. ——— *Kioto meichô. Célébrités de Kioto*.
Dix feuilles.

358. — Format en largeur. *Yedo Meicho*. — *Endroits célèbres de Yédo*.

Sept feuilles.

359. ——— *Tôto Meicho*. — *Endroits célèbres de Tôto (Yédo)*.

Quinze feuilles.

360. ——— *Lieux de réunions célèbres de Yédo*.

Vingt feuilles.

361. ——— *Endroits remarquables par la neige, la lune et les fleurs*.

Trois feuilles.

362. ——— *Les six rivières des provinces*.

Six feuilles.

363. ——— *Vues d'Osaka*.

Trois feuilles.

364. ——— *La lutte des vues pour la beauté des sites*.

Six feuilles.

365. ——— *Nouveau choix des vues de Yédo*.

Dix feuilles.

366. — Format en largeur. Quatre feuilles diverses.

367. —— Format en hauteur. *Rokoujou Meicho dzouyé. — Soixante et quelques provinces*. Série complète de soixante-neuf feuilles.

368. ——— *Meicho Yédo hiak kei. — Cent vues des beaux endroits de Yédo*. Série complète de cent dix feuilles.

369. ——— *Gojusan tsughi — Les cinquante-trois stations du Tokaido*.

Cinquante-deux feuilles.

370. ——— *Fouji sanjiurok kei. — Les trente-six Fouji-Yama*.

Trente-cinq feuilles.

371. —— Petit format en largeur. — *Les cinquante-trois stations du Tokaïdo*. Série complète.

Cinquante-six feuilles.

372. ———— Même série complète.
Cinquante-cinq feuilles.

373. ——— Même série.
Cinquante-quatre feuilles.

374. ——— Même série.
Vingt-cinq feuilles.

375. —— Petit format en hauteur. *Chokokou Rokoujiou Hak'kei.* — Soixante-huit vues de toutes les provinces.

Soixante-huit feuilles.

376. —— Format étroit en hauteur. *Toto Meichô.*
Quinze feuilles.

377. ——— *Cascades et quatre saisons.*
Huit feuilles.

378. —— Format étroit et bandes en hauteur. Fleurs et oiseaux.

Cinquante-quatre feuilles.

379. ——— Cinq feuilles. Formats divers. Paysages et oiseaux.

380. ——— Vingt-huit feuilles. Paysages.

381. ——— Dix-sept feuilles. Fleurs, oiseaux et animaux divers.

382. ——— Treize feuilles diverses, dont cinq dans un cadre et trois encadrées séparément.

383. ——— Trente-trois feuilles à sujets de personnages.

384. — Format étroit. Vingt sourimono divers.

385. — Collection de cinq cent soixante-sept estampes, diptyques, triptyques, par *Kounisada*, *Kouniyoshi*, etc., etc.

Ce numéro sera divisé.

386. — Album de sourimono, par divers artistes.

387. — *Toyokouni*. Album de cinquante-quatre feuilles.

Livres

<hr>

388. — *Hok'sai : Hok'sai Mangwa. — Esquisses rapides de Hok'saï.*

14 volumes, manque vol. XV. Tirage teinté rose.

389. — *Hoksai : Manjio sohitsu gwafou. — Dessins cursifs du vieillard Manji.*

11 volumes, 45 pages de gravures en couleurs.

390. — *Hok'sai : Ippitsou gwafou. — Dessins en un seul coup de pinceau.*

1 volume, 56 pages de gravures en couleurs, quelques feuillets tachés.

391. — *Hoksaï : Tokaïdo.*

1 volume, 69 pages de gravures en couleurs.

392. — *Hirochighé : Tokaïdo meisho dzouyé. — Illustrations des endroits célèbres du Tokaïdo.*

2 volumes en 1 seul, 116 pages de gravures en couleurs; mouillures à quelques feuillets.

393. — *Hoïtsu : Oçon Gwafou. Album des dessins d'Oçon.*

1 volume, 50 pages du gravures en couleurs.

394. — Cinq volumes : *Hok'sai : Yehon Adzuma Assobi,* t. II; *Hayashinan ; — Hokooun : Gwafou : — Içaï : Massayochi : Partie du Sogwa Riakougwa Chiki.*

395. — Trente-quatre volumes par *Hirochighé, Kioçai Shighenobou, Massayochi, Kouniyochi,* etc.

Ce numéro sera divisé.

396. — Deux ouvrages modernes à sujets de fleurs et d'oiseaux, en tout 7 volumes.

397. — Choix de fables de La Fontaine, illustrées par un groupe des meilleurs artistes de Tokio. Tokio 1894, deux volumes. — Fables choisies de Florian. illustrées par des artistes japonais. Paris, 2 volumes.

COLLECTION DUPARC

Sculptures

---

398. — Statuette en bois doré représentant Amida assis, les mains jointes dans le *geste de méditation.* Haut. 0.29.

xve siècle.

Collection Taigny.

399. — Statuette en bois naturel représentant la poétesse Komatchi en vieille mendiante, assise, les cheveux figurés au naturel par une touffe de crins. Haut. 0,21.

xviiie siècle.

Collections Burty et Taigny.

400. — Groupe représentant un oiseau à bec crochu sur le dos d'un animal fantastique. Haut. 0,21.

Travail chinois.

401. — Masque de Hannia.

xviiie siècle.

402. — Collection de sept masques représentant différents types de la danse de No.

Idem.

Collection Hayashi.

N° 398

N° 430

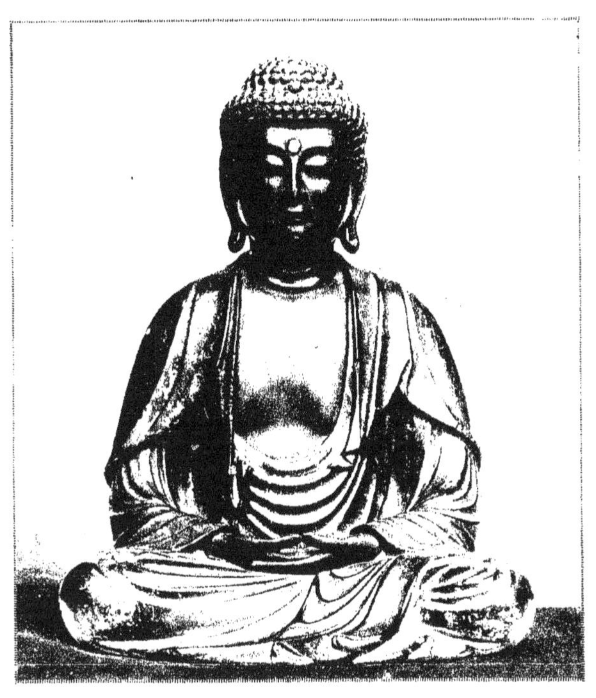

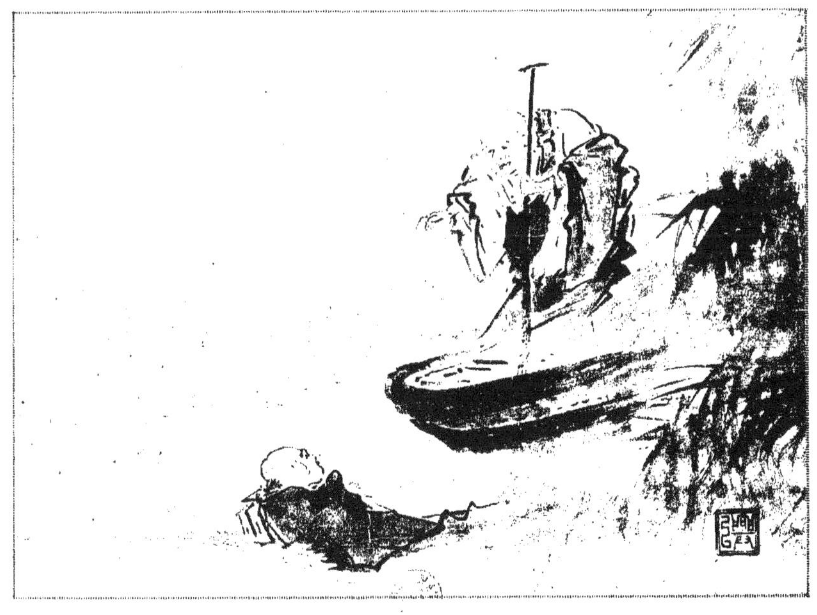

Netsuké

---

403. — Sirène enroulée, la tête, à l'expression
rieuse, reposant sur l'extrémité de la queue. Bois.

Signée : *Tadatochi.*

xviii° siècle.

Collection Hayashi.

404. — Serpent passant à travers une tête de
mort. Bois.

Signé : *Sukénaga.*

Idem.

Collection Hayashi.

405. — Paysanne accroupie. Bois.

Signée : *Tsouzou.*

xix° siècle.

Collection Hayashi.

406. — Souris sur un coquillage. Bois.

Signé : *Shuzan.*

Idem.

Collection Hayashi.

407. — Groupe de neuf masques de No. Bois.

Signé : *Guiokuwo.*

XVIIIe siècle.

Collection Hayashi.

408. — Trois netsuké bois : Trois tortues ; — Enfant cachant un fruit derrière son dos ; — Groupe d'une femme et de trois enfants.

Signé : *Guiokumin, Guiokugasaï, Hidémassa.*

XIXe siècle.

Collection Hayashi.

409. — Quatre netsuké : Bouton gravé d'une tête d'acteur ; — Bouton ciselé d'une figure de jardinier-poète ; — Bouton ciselé d'un buste de Dharma ; — Blaireau s'abritant sous une feuille de nénuphar ; ivoire.

Signés : *Minkokou, Jurakou, Katsuyouki, Koghiosensaï.*

XIXe siècle.

Les trois premiers : *Collection Hayashi.*

Ornements de sabre

410. — Garde en fer rectangulaire repoussé d'un motif de baguettes et incrusté en or de deux fleurettes de chrysanthème.

Collection Hayashi.

411. — Deux gardes en fer ajouré, l'une à motif de chrysanthème, l'autre d'ornements bouddhiques.

Collection Hayashi.

412. — Quatre gardes en fer repercé à motifs variés.

Collection Hayashi.

413. — Paire de ménouki en bronze doré figurant des langoustes.

Collection Hayashi.

414. — Paire de ménouki en bronze doré et chakoudo à motifs de crabes.

Collection Hayashi.

415 ——— figurant un sceptre et un chasse-mou-
ches ; — Ménouki représentant un rat ; chakoudo et
bronze doré.

Collection Hayashi.

N° 437

N° 439

Z. 130

Z. 132

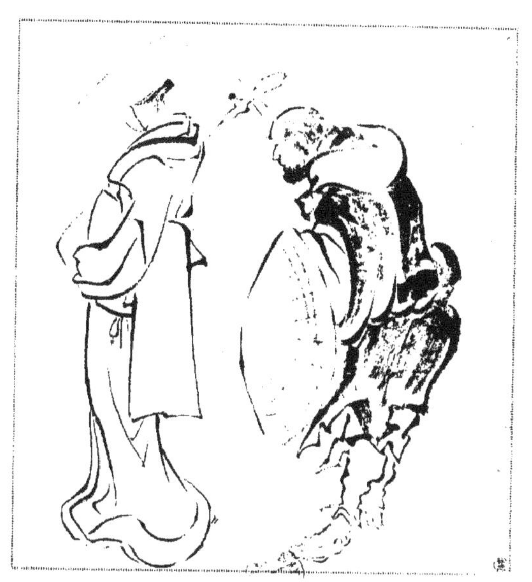

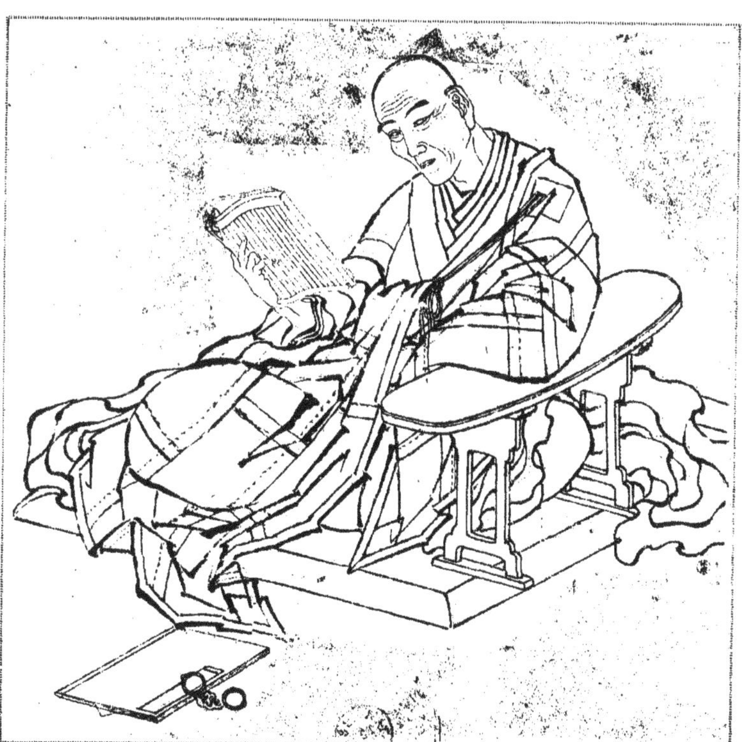

Bronzes du Japon

---

416. — Vase en forme de calice, gravé sur le pourtour de quatre motifs de dragons et de bordures en argent incrusté.

xviiie siècle.

Collection Taigny.

417. — Petite bouteille à long col et panse ovoïde, décorée de frises géométriques et de palmettes en légers reliefs. Deux petits anneaux garnissent l'épaulement. Haut. 0,17.

Idem.

Collection Hayashi.

418. — Bouteille à panse aplatie et long col cylindrique terminé par un renflement orné d'une frise de vagues. De chaque côté du col grimpe un dragon, en manière d'anse. Haut. 0,25.

Collection Hayashi.

419. — Vase en forme de balustre ovale à motif de feuilles lancéolées aux pointes recourbées. Haut. 0,20.

xviiiᵉ siècle.

Collection Hayashi.

420. — Petit vase de forme balustre, imitant une vannerie de bambou ; deux petites anses retombantes sur l'épaulement. Haut. 0,07

Idem.

Collection Hayashi.

421. —— garni de trois pieds, figurant un panier d'osier. Haut. 0,09.

Idem.

Céramique

---

422. — Chien accroupi en poterie de Satsuma à couverte de ton ivoire avec rehauts d'émail verdâtre, de rouge et d'or. Haut. 0,25.

xixe siècle.

Collection Hayashi.

423. — Vase d'applique par Rokoubé; en forme de cornet annelé, couverte d'émail gris craquelé. Haut. 0,28.

xviiie siècle.

Collection Hayashi.

424. — Trois coupes en poterie d'Ohi figurant des bateaux, gravées intérieurement d'un motif de roseaux, couverte rouge brique. Long. 0,24.

Idem.

Collection Hayashi.

425. — Deux statuettes représentant chacune un sage assis sur un rocher, les chairs en réserves, les vêtements figurés par un émail flambé rouge. Haut. 0,17.

Travail chinois.

Objets divers

---

426. — Deux étuis de pipes, en bambou sculpté. xviii° siècle.

427. — Deux pièces : Inro en laque noir à décor de masques en relief; — Étui en corne laqué.

428. — Poupée représentant une princesse assise. *Collection Hayashi.*

429. — Deux petites poupées figurant un prince et une princesse en costumes de gala, assis sur des nattes.

Collection Hayashi.

Peintures et Dessins

---

430. — *Koï.* Scène légendaire : Un sennin debout à l'avant d'une barque se penche vers un prêtre plongé dans l'eau jusqu'aux épaules. Kakémono à l'encre de Chine, encadré. Haut. 0.37 ; larg. 0,50.

431. — *Fujivara Noboutaké.* Deux lavandières au bord de la rivière Tanagawa. Kakémono soie encadré. Signé. Haut. 0,42 ; larg. 0,51.

Collection Hayashi.

432. — *Koriusaï.* Puiseuses de sel marin. Les seaux, posés sur le sol, les deux porteuses font halte, l'une debout, l'autre assise sur le bâton qui sert à porter les seaux sur l'épaule. Kakémono soie encadré. Haut. 0,85 ; larg. 0,31.

Signé : *Hokkio Koriusaï.*

Collection Hayashi.

433. — *Harumassa*. Guécha debout, piquant une épingle dans sa coiffure. Signé. Kakémono soie encadré. Haut. 1,06 ; larg. 0,28.

Collection Hayashi.

434. — *Yeishi*. Courtisane debout lisant une lettre. Kakémono soie encadré. Haut. 0,80 ; larg. 0,26.

Signé : *Tchobounsaï Jeishi.*
Collection Hayashi.

435. — *Okinobou*. Troupe de passereaux. Encre de Chine. Signé. Kakémono soie encadré. Haut. 0,43 ; larg. 0,72.

436. — *Boumpô*. Deux lapins. Panneau soie encadré. Haut. 0,30 ; larg. 0,36.

Signé : *Nazan-Noju.*
Collection Hayashi.

437. — *Hok'saï*. Ghécha et homme du peuple. Dessin à l'encre de Chine, encadré. Haut. 0,29 ; larg. 0,27.

Collection Hayashi.

438. —— Jeune femme assise, un livre ouvert sur

ses genoux et bourrant sa pipette. Dessin à l'encre de Chine, encadré. Haut. 0,27 ; larg. 0,35.

Collection Hayashi.

439. — *Hok'sai*. Portrait de prêtre. Dessin à l'encre de Chine, encadré. Haut. 0,37 ; larg. 0,39.

Collection Hayashi.

440. —— Lotus et grenouille. Dessin à l'encre de Chine, encadré. Haut. 0,27 ; larg. 0,41.

Collection Hayashi.

441. —— Étude de serpent. Panneau papier encadré. Haut. 0,28 ; larg. 0,86.

Collection Hayashi.

442. —— Feuille d'éventail. Plante fleurie. Panneau papier encadré. Haut. 0,17 ; larg. 0,47.

Signé : *Hoksaï aratamé I-itsu.*

Collection Hayashi.

443. —— Corbeau et buse perchés sur un poteau. Panneau papier encadré. Haut. 0,65 ; larg. 0,25.

444. —— Tige d'iris noir. Panneau papier encadré. Haut. 0,86 ; larg. 0,20.

445. — *Hokouga*. Courtisane de profil à gauche, vêtue d'un manteau de promenade en gaze blanche avec décor de plumes de paon. Kakémono soie encadré. Haut. 0,78 ; larg. 0,28.

Signé : *Hôtei Hokouga.*

Collection Hayashi.

446. — *Hok'taï*. Joueuse de chamisen, assise à terre, la poitrine découverte. Kakémono papier encadré. Haut. 0,99 ; larg. 0,29.

Signé : *Yeiseï Hok'taï.*

Collection Hayashi.

447. — *Outagawa Yochiyuki*. Jeune femme en buste, déployant un morceau d'étoffe. Panneau soie encadré. Signé et daté 1855. Haut. 0,34 ; larg. 0.55.

Collection Hayashi.

Estampes

448. — *Shunshô*. Format hossoyé. Jeune femme sur une terrasse. Épreuve encadrée.

Collection Hayashi.

449. — *Shundo*. Grand format en hauteur. Groupe de guerriers. Épreuve encadrée.

Collection Hayashi.

450. —— Format hossoyé. Acteur tirant le glaive. Épreuve encadrée.

Collection Hayashi.

451. — *Shunkwakou*. Format hossoyé. Femme debout les bras croisés. Épreuve encadrée.

Collection Hayashi.

452. — *Shuntchô*. Petit format. La toilette : une jeune fille se penche sur un baquet, pendant qu'une femme lave sa chevelure déroulée et qu'une servante

apporte un vase d'eau. Une autre femme appuyée à une poutre les regarde. Épreuve encadrée.

Collection Hayashi.

453. — *Kiyonaga.* Triptyque. La sérénade. Épisode de l'histoire d'Ouchiwaka et de Yorouki transposée en figures de style moderne. Épreuve encadrée.

Collection Hayashi.

454. —— Format en hauteur. Deux jeunes femmes qui ont surpris une servante endormie sur son travail lui piquent par taquinerie un chiffon de papier dans le chignon. Épreuve encadrée.

Collection Hayashi.

455. — *Shunsen.* Format en largeur. Prunier en fleurs. Épreuve encadrée.

Collection Hayashi.

456. — *Outamaro.* Triptyque. Groupe de femmes et de jeunes gens dans une barque conduite par un passeur. Debout au centre de la composition, un jeune seigneur tenant un faucon sur son poing. En arrière-plan s'élève la cime du Fouji. Épreuve encadrée.

457. — *Outamaro*. Format en hauteur. Couple de jeunes gens en promenade. Épreuve encadrée.

Collection Hayashi.

458. ——— Jeune femme vue à mi-corps, les mains jointes, la tête penchée vers un jeune homme fumant sa pipette. Épreuve encadrée.

Collection Hayashi.

459. — *Yeiri*. Format en hauteur. Jeune femme en robe mauve à décor de rosaces. Épreuve encadrée.

Collection Hayashi.

460. — *Toyomarou*. Deux feuilles, format hossoyé. Acteurs. Épreuves encadrées.

Collection Hayashi.

461. — *Hok'sai*. Format en largeur. Le jeune Ouchiwaka répondant de sa flûte au koto de Yôrouki. Épreuve encadrée.

Collection Hayashi.

462. ——— Trente-six vues du pic Fouji : le beau temps. Épreuve encadrée.

Collection Hayashi.

463. — *Hirochighé*. Format en largeur. *Toto mei-*

chô. Endroits célèbres de Tôto (*Yédo*). Sept feuilles diverses encadrées.

Collection Hayashi.

464. — *Kouniyochi.* Format en largeur. Récolte de la graine de roseaux par deux femmes dans une barque. Épreuve encadrée.

Collection Hayashi.

OBJETS PROVENANT

COLLECTION E.

Céramique de la Chine

465. — Grand plat céladon à bord côtelé. Diam. 0,38.

466. — Potiche à panse côtelée. Décor floral en bleu et blanc. Socle et couvercle en bois sculpté. Haut. 0,33.

Période des Ming.

467. — Potiche à couverte bleu. Manque le couvercle. Haut. 0,24.

Période de Kang-hi.

468. — Bol à profil évasé décoré de rosaces en bleu et blanc. Diam. 0,18.

Période de Young-Tching.

Céramique du Japon

469. — Bol à décor floral bleu sur fond blanc craquelé. Diam. 0,13.

Karatsu.

xviiie siècle.

470. —— à couverte crème craquelée avec liseré bleu sur le bord. Diam. 0,11.

Ofouké.

Idem.

471. —— formé de deux fragments provenant de pièces différentes ; l'une à couverte grise, l'autre revêtue d'un émail crème. Diam. 0,14

Rakou.

Idem.

472. — Coupe en forme de feuille lobée. Coulées verdâtres sur fond gris. Long. 0,23.

xviiie siècle.

473. — Bouteille à couverte brune craquelée décorée d'un motif de bambous. Haut. 0,18.

Kiyomitsu.

Idem.

Collection Hayashi.

474. — Pigeon blanc posé sur un ballot de riz. Haut. 0,18.

Bizen.

Idem.

475. — Statuette figurant le diable pèlerin. Haut. 0,39.

Par *Kishiu.*

xixe siècle.

Collection Marquand.

Objets divers

476. — Statuette en ivoire représentant un personnage tenant une pivoine et portant un enfant sur
le dos. Haut. 0,14.

Signée : *Shibayama*.

Idem.

477. — Martin-pêcheur sur un fruit de nénuphar.
Ivoire avec incrustation de nacre, les pattes en
bronze. Haut. 0,13.

Signé : *Koho*.

Idem.

478. — Trois netsuké en ivoire, l'un à motifs
d'animaux variés, l'autre de diablotins, le troisième
figurant Chôki.

Signé : *Ukiki, Shinghioku* et *Riukei*.

Idem.

479. — Deux ornements d'applique en bois sculpté, l'un représentant Chôki, l'autre une chimère.

Collection Matsuki.

480. — Perroquet en bronze doré incrusté de chakoudo et de sentokou, sur un perchoir en laque noir.

481. — Gong en bronze gravé de deux dragons autour d'un ornement bouddhique. Diam. 0,36.

Collection Matsuki.

482. — Très grand sabre en ivoire sculpté de sujets mythologiques. Long. 1,28.

483. — Grand kakémono représentant le Nirvana de Çakya-Mouni. Soie. Haut. 1,46; Larg. 0,92.

TABLE

Collection E. D. . . . . Pages 1 à 72

Collection H. Duparc.. . . . .   73 à 92

Objets provenant de la collection E.. . . . .   93 à 99

ÉVREUX, IMPRIMERIE CH. HÉRISSEY ET FILS

www.ingramcontent.com/pod-product-compliance
Ingram Content Group UK Ltd.
Pitfield, Milton Keynes, MK11 3LW, UK
UKHW031846170726
13836UKWH00004B/1905